Los amarillos ojos de la bestia
Angélica Morales

Colección Baños del Carmen

Angélica Morales

Los amarillos ojos de la bestia

Premio de poesía Noches Poéticas de Bilbao, 2024

EDICIONES VITRUVIO
Colección Baños del Carmen,
nº 1048

www.edicionesvitruvio.com

Un jurado compuesto por Blanca Sarasua, Julio González Alonso, Pablo Méndez, Andoni Mendia, Alberto Infante, Julián Borao y Ainize Basalo, actuando esta última como Presidenta del jurado, ha decidido otorgar el Premio de poesía Noches Poéticas de Bilbao a *Los amarillos ojos de la bestia* de Angélica Morales.

Primera edición, 2025

© Ediciones Vitruvio
C/ Menorca, nº 44
28009
Madrid
Teléfono: 91 573 21 86

ediciones vitruvio, nº 1. 740
ISBN: 979-13-990289-6-6

Los amarillos ojos de la bestia

A mis abuelas Ángela y María.
A mi querida tía Chon.
A Ubé, mi faro.

*Una oscura mariposa apareció de repente y
con su torpe y lento vuelo comenzó a medir
el paso de las horas*

Álvaro Mutis

GÉNESIS

No sé en qué momento alguien me colocó en la vida,
plantó mis pies en este barro y me dio de beber.
Mi piel ha ido creciendo al mismo tiempo que la piel dispersa de
                    las flores.
Mudo la color cuando la primavera asoma.
He muerto varias veces hacia dentro
y sé lamerme el polvo cuando (de noche)
pido cerveza sobre la barra de cualquier bar.
El principio nunca ha estado claro en mi sangre.
Pero a la misma hora de cada día,
me supura una llaga cerca del pecho,
después todo vuelve a una normalidad salvaje.
Me pongo pantalones y salgo.
Peino mi cabello de algas y salgo.
Perfumo mis huesos y me quedo un instante quieta,
en mitad de los misterios.

PASOS

Al despertar,
                    no había nadie a mi lado.
Aquel muchacho con el que bailé
había desaparecido llevándose mis ropas y las suyas.
                    Sábanas solas.
                    Flecos de lámpara.
El lomo gastado de una fotografía que ha olvidado mi nombre.
Al despertar me calzo la voz.
Curo la herida que me sangra.
Dibujo una ventana en la pared y contemplo un día que ya es otro
                    día.
Sé que el mundo se acaba.
Que llega el tiempo de los pájaros fumando sobre el césped.
Sé que la soledad tiene un brazo metálico y aprieta mi cintura
                    (le pone clavos y me atornilla).
Es posible que muera el cielo y que yo finja que todo sigue.
                    Botellas solas.
                    Columpios.
Una vaca pariendo al lobo que más tarde habrá de devorarla.

EN MENTE

Por si acaso me llueven los huesos,
     salgo al jardín.
Ayer sucedió del mismo modo.
Se repite el aliento de los relojes sobre mi piel.
Ninguno encima de la mesa,
     ni siquiera el pan,
ni siquiera el viento del agua.

ACEPTAR

El paso de unas alas.
Tantas cosas leves entre las manos…
Ayer no estaba el mar,
ni había corales entre los pliegues de mi vestido.
Ayer solo un muro y los plásticos dando vueltas.
Y sin embargo ahora
      esta música que es otra música,
      una ola cándida rompiendo contra el cristal.
¿Alguien escucha?
Solo tengo lo oscuro, una ginebra y sus piernas.

MEMORIA

Hay un viejo sentado en mis pulmones que se ha puesto a cantar.
La melodía es vieja,
        (como mi pelo)
vieja como mis dedos buscando las cosas,
vieja canción sin cuna dedicada a las arañas que, sobre mis sesos,
tejen el aleteo silencioso
        de una tragedia.

SOBRE CERO

La habitación está revuelta.
Sobre la pared hay huellas de hocicos que todavía respiran.
Pronto vendrá la tarde y yo habré de contar rosas
y poner sus espinas a hervir
y después beberme todo el azul de su pena.
La habitación ha cambiado.
Tiene distinto olor,
dientes más largos,
                un frío nuevo.
Antes de abandonarme
cubro la intimidad de mi cadáver,
rocío de orín los platos
                        y me siento a esperar.

El VIAJE

Peinar el cabello de los muebles antes de partir.
Abrir el grifo de mi cama
y dejar que salgan los insectos que me hablan.
Guardar las fundas de mis ojos para poder contemplar el mundo a
     ciegas.
Otro tiempo ha de venir pegado a mis bolsillos,
nubes recién hechas acariciando el horizonte mientras yo
salgo de esta habitación y me compongo,
ejercito mis piernas para el salto
porque hay vallas carnívoras,
porque hay animales de espuma que patalean mi sombra y huyen.

PALABRAS

Es la sopa un espejo que refleja mi alma.
Mi alma es una niña que cuenta monedas en el muelle.
El muelle es una casa al otro lado del río,
pero el río es un lecho donde las libélulas van a morir.
Es la sopa
      (siempre la misma)
y sus alfileres.
Si me niego a la sopa
me niego a los domingos,
a la misa y a aquel vestidito blanco.
Hay una hostia en la sopa
y un hombre alzando la mano.
Hay montañas de muslos naufragando en la sopa
y un gato negro y epiléptico tragándose mi corazón.

UNA MIRADA

Estos ojos rubios de bestia fotogénica que se asoma al espejo y
       hace
              ¡Pum!
              (dos veces) hasta que mi sangre ladra.
Aquí me quedo,
aunque haya decidido rasgar las amarras de mi camisón y
          hundirme
              hasta el fondo de las minas.
Quién sabe si allí encontraré un hogar cálido,
nuevas cenizas que celebren mi cuerpo.
             Pero me quedo,
dejo mis recuerdos flotar y los desenredo,
           muy despacio,
con esa mansedumbre
que posee la memoria
           cuando descansa
           en un cajón.

FLASH

A veces llega el perfume de los eucaliptos
y un pájaro sin alas hace nido en mi garganta.
Y una muchacha
         (puede que sea yo)
         asomada a unas gafas.
!Pobre bestia en pubertad!
Atada a la costumbre,
al patio,
         a la agonía de los frutos.
A veces hay un ruido blanco trepando por el techo de las
      fotografías
y un bastón bailando solo.
A veces un círculo de mujeres vivas bordando su muerte al sol.
A veces el humo,
trenes diminutos surcando la moqueta,
la distancia entre una piedra y el zapato de una coja.
A veces el frío,
         Moscú o Teruel
temblando en la vitrina,
junto a las tazas del café y el vestido de una novia.
Cuchillos en guerra /
labios bebiéndose.
         Una puta de color rojo enfermando en el sillón.

ORACIÓN

Nadie sabe que el tiempo hidrata la tierra
que después lamerá sus huesos.
El recuerdo es un bloque de crines enmarañando el bosque.
Duerme el hielo en la boca de la memoria,
la sal en la punta de sus ojos.
Amo la barbarie,
todo aquello que me produce una fiebre obesa.
Sucede que mienten,
que la noche es cerco,
que el día un pánico trashumante.

INSTANTE

Un asombro.
Es el sonido de las hojas al caer
　　　　　o mis párpados cerrándose a la luz.
Amanezco encendida en plomo,
como el otoño que viaja en el fantasma femenino de un barco.
　　　　　Otra vez la herida,
esa pus que se hace páramo / mecedora / pecho emplumado de
　　　Dios.
　　　　　Hoy entierro la boca.

LA NORIA

Salvo los días de lluvia
monto a la noria.
Le doy vueltas a los ojos hasta que las nubes se hacen humo.
Luego me pongo a vomitar sobre mi falda
y pienso en una hermana que se ha quedado sin pelo
y silba dentro de un algodón de azúcar.

RITUAL

Como si cada espasmo de mi cuerpo fuese una caricia.
Me tiendo sobre un lienzo y dejo que la enfermedad me ame.
Ayer mis músculos solían hablarme de las cosas,
conocía
                    (ayer)
el puño invisible donde la materia gira.
Deambulo hacia dentro del aire,
de la crueldad con la que mis células envejecen sin mí.
Tosen mis venas,
        pobres venas sin bufanda en este invierno que se queda.
Y las palabras solas,
lejos del alcance de mi lengua.
Quiero pronunciar "casa" y llega a mí el gusto del metal.
Quiero tocar la seda y me doy de bruces con el estiércol.
Todo se resiste a mi voluntad
                    y caigo
por el hueco de una escalera repleta de babosas
                            dolientes.

MIGAS DE PAN

Una mujer ahoga el agua en pan.
Y los peces allí,
sacudiendo las escamas,
dejándose crecer los zapatos para salir a la orilla en busca de un
soplo.
Una mujer pasea la tarde en una ventana
y una niña,
      (en mitad de la acera)
se deja atropellar por una tristeza de seis ruedas.

TERCIOPELO

En toda historia de amor
hay una esquina donde el viento agita los vestidos
y las muchachas corren.
Sus bocas llegan antes que sus huesos
y ya están besando otra boca mientras sus pies
se detienen frente a otros pies que aún no son.
Pudo suceder en noviembre,
cuando le nace el frío a las cucharas
y en los cementerios comienzan a construir tumbas nuevas.
Amor envuelto en pavesas,
en el trigo azul de los relámpagos,
en los orinales donde se mece la sangre recién cumplidos los
      cincuenta.

EL INVITADO

Hablo de un tipo con sombrero bebiéndose los salones.
De un coito apresurado con la mujer.
(La mujer viste de rojo y se le transparenta una virgen en su pubis
      de piedra)
Hablo de una casa con perro.
De revistas abriendo sus piernas sobre el mármol.
De un taburete cosido a los cigarrillos.
Hablo del cine en la pantalla de tus medias.
        De la madre mansa.
De las plantas muertas en un rincón besándote con sus ojos.

INCÓGNITA

El huevo y sus alas.
Esta niña que soy y esta casa y este puñal eléctrico
que me devuelve a la vida y me da a comer paisajes,
restos de familiares difuntos,
sopa de árbol y cocaína.
                    Llámalo purgatorio.
            Hospital.
                            Cárcel de amianto y miel.

LA MÚSICA

Entre la hierba queda el animal doméstico que un día me amó.
Yo que fui blanca y tuve espejos en la piel
digo que cualquier lugar del mundo era posible entonces.
Solo había que improvisar una bañera,
las puertas giratorias de un hotel.
La ciudad estiraba las manos y ningún pájaro se atrevía a volar
porque eran mías todas sus plumas lentas.

POSTAL

La lluvia estropea el cristal
y pienso en mi padre atravesando la calle con sus pantalones
      recién planchados.
Podía haber tenido la nariz larga y el porte gris.
No recuerdo si papá fue un mulo o un poeta,
si colocaba correctamente los cubiertos sobre el mantel,
        si fumaba música
o tenía una llaga cerca del pecho que supuraba al mismo tiempo
      que la mía.

MANOS

Es inútil colocar los dedos en orden después de la cena,
arreglar el ojal en la chaqueta del muerto y oler la flor de sus ojos.
Siempre hay mujeres alrededor,
viudas que danzan llevando platos
o trozos de sábana con los que sonar sus varices.
Hay muertos que son más hermosos así,
con la boca cosida al silencio,
muertos rectos cuya única función es aguantar la tos
mientras esperan a que un ángel negro
acabe de beberse el sexo pálido de sus viudas.

DESCONOCIDA

El agua orinándose en mí.
Mi desnudez mordida por los peces del tiempo,
por las acciones calladas de los trenes
que pasan con los vagones repletos de mandarinas muertas.
Mi cabellera sola,
mechones de pelo huyendo,
poblando axilas más jóvenes,
las tripas de un colchón en el que un niño se dispara los sesos.
Esta lengua mía sin mí bajo la tierra muda.
La memoria enjaulada,
                        sin voces,
                        sin color,
                        sin el aroma espeso de las fotografías.

BRUMA

Hoy he desayunado con Dios
arriba de una lámpara.
Dios es cálido en su negrura.
Dios recoge sus barbas y me las ofrece.
El paraíso no existió jamás
                (me dice).
Yo creé un gato llamado Eva y un ratón llamado Adán
                (me dice).
El amor es papel de biblia arrojado al fuego.
La soledad, el corazón de los duraznos.
El frío, un soplido de mis ojos.

CUANDO LA GUERRA

Cuando la guerra mi abuela lavaba la ropa en el hielo
            (mi abuela blanca).
Cuando la guerra mi abuela contaba el silbido de las balas
            (mi abuela sin dientes).
Cuando la guerra mi abuela mordía piedras
            (mi abuela sin pechos).
Cuando la guerra los botones,
soldados temblando en sus harapos
y el río con su abrazo ruso.
Cuando la guerra mi abuela niña
aprendiendo a limpiar el llanto de un reloj.
Cuando la guerra el pan oscuro
y las manos en pausa
y mi abuela dando a luz a sus muertos.

LA PLAYA

La playa tiene un cuchillo entre sus piernas.
Habla de esto o de lo otro mientras peina mi cabello de algas.
Ya he estado en la playa.
He muerto allí hace un tiempo de flores,
cuando las tardes no tenían cortinas
y había siempre arena dentro de la carne.
La playa me mira con sus ojos grandes,
se le meten piedras y llora.
La playa cuando el frío, se acurruca al fondo,
donde duermen los erizos y las amapolas del mar.
La playa es un accidente geográfico
que mece el cuerpo de poetas ahogados y botellas.
La playa arisca por si el viento se interpone en su camino.
La playa con botes y niñas saltando sus trenzas húmedas.
La playa con el sonido de los huesos partiéndose en dos.
            Y después los peces,
sus colmillos de latón a los pies de una virgen que flota.
Porque la playa también es una mujer sola enamorada de sus
        arañas.

EN LOS MÁRGENES

La noche me trae moscas dormidas,
sus voces cavando sobre el mármol
que algún día llevará mi nombre.

DESOLACIÓN

Hoy llueve hacia arriba,
hacia los troncos secos de mi lengua,
hacia las jaulas,
hacia el carmín de mis labios.
Hoy llueve desde el fuego,
desde la entraña de un manto de lilas.
Hoy llueve todo lo que se quedó quieto;
vestidos de novia trepando hacia los mástiles,
ojos buscando un hueco en el que descansar.
Hoy llueve un caldo
y una gallina
y el huevo que fue
      y la mano que lo coge,
          lo despluma,
              lo arroja a la cazuela
                  y lo pone a morir.

SI HUBO

Si hubo fe en mi cabeza con agua
no lo recuerdo.
Si hubo una bestia lamiéndome las heridas
no lo recuerdo.
Ignoro el paso del tiempo en las ventanas,
la caricia de las uñas sobre mi piel,
aquellas sábanas gordas que aullaban si la nieve llamaba a la
        puerta.
Si hubo amor
hoy estoy vacía,
seca como el pellejo del cristal.
Si hubo luz y alfombras en el horizonte
yo solo veo tiniebla,
un martillo fino golpeando en mis sienes,
camas de hotel como nichos que intentan capturar mis huesos.
Si hubo templos
hoy solo escombros,
esqueletos cubiertos de basura tomando el sol en las cunetas.

REBELIÓN

Hay en mi mano una rebeldía oscura.
Y miro hacia atrás,
hacia la tumba de la señorita Brígida
que murió por sobredosis de hilo en su costura.
Hay en mi mano un mundo que cae hacia el lado izquierdo de las
      cosas,
hacia los jardines que cuelgan en mitad de los charcos.
Y miro hacia atrás,
hacia la tumba de la señorita Estanislao,
que resultó ser un hombre suave que afeitaba sus faldas
              y desfloraba ginebra en el porche.

LIENZO

De repente soy una mujer desnuda en un columpio.
De repente el verano, su sopa de escarcha.
Fiebre,

       menta,
un cortejo de murciélagos haciendo nido en mis bragas.

DESFILE DE SANTOS

No hace mucho tiempo un hijo,
    y un vientre
        y una casa con grietas.
No hace mucho tiempo el mar sobre la mesa y el pan huyendo.
No hace mucho tiempo un sol negro detrás de la mirada
y agujeros por donde se cuelan los relámpagos
    y una habitación con vistas al piano que nunca tendré.
No hace mucho tiempo el baile,
    dos cuerpos pegados al azúcar,
      una mujer gorda cantándole a las lámparas.
No hace mucho tiempo otro hijo
    y un vientre más amplio
      y un campo donde enterrar mis gritos.
No hace mucho tiempo el silencio,
la sangre seca entre mis piernas.
    Los hijos, no.
      El pan, no.
    La luz, casi.

PSICOFONÍA

Por la eternidad vago en diciembre.
¿Qué hago yo aquí, en los labios del vaso?
La locura de los días se pierde entre los brazos del viento,
su casamiento azul.
Soy un fantasma con la razón tendida en los alambres
y la nieve en mi cabellera
y la cocina envuelta en el vaho de una psicofonía,
esa mujer con mis huesos haciéndole el amor a una radio.

ESTADO

La soledad es un pájaro de sexo caliente
que pare piedras y se las da a comer a mi cabeza.

LENGUAJE

Porque el miedo...
Porque escucho hablar a la negrura
y su voz es mi voz,
o la de una mujer que se inventa el lenguaje
y come alas de gárgola para echar a volar.
Pero las alas de gárgola son demasiado pesadas y cae.
Las gárgolas no deberían de alimentarse con la carne del hogar.
Las gárgolas pueden ser tus primos,
una vecina insolente que venga a pedirte sal,
el cartero que nunca llama a tu puerta,
esa gárgola -padre,
o esa larva que es mamá
y que ahora se ha puesto a expirar entre mis manos.
Porque el miedo...
Porque el sonido de un diente al escribir...
Porque mi lengua ahogada en mi lengua...

FENIX

Digo que un día fui otra y bárbara,
que me ejecuté a mí misma en pleno campo,
cuando el cielo oscurecía y no había palomas.
En mi ley hay ojos cifrados,
rebaños de ovejas quietas coreografiando el baile de mis cenizas.
Fui insomne,
licor de leche en la boca de un niño tuberculoso.
En otro tiempo
         (yo)
con el fusil y las flores.
Sombra sola,
        eco que se repite en la piedra.

LA MOMIA HABLA

Pero antes doy otra vuelta sobre el colchón
y recuerdo:
            Peces que ya no están.
            El oro cosido a la boca de mi Nancy negra.
            Algo parecido a una plegaria.
            El cambio de turno de enfermeras y cigarrillos.
            Un hilo con el que hablar.
            Aquel pariente que se aprieta en el beso
                        y después se pudre.

HABÍA

Había una mujer muerta dentro de un cajón.
La boca zurcida a la carne,
los pómulos de un rojo muy vivo.
Esa mujer había y luego otra.
Había unas piernas caminando solas por la avenida.
Eran de la mujer muerta.
A menudo me pregunto dónde habrán hecho su nido tenebroso,
si están cansadas y, de noche, se les hincha el corazón,
si han encontrado otras piernas igual de solas,
si estaban hartas de la mujer y por eso decidieron gangrenarse,
fermentar sus huesos al sol de la sangre
                    y salir huyendo de la mesa del quirófano.

SUEÑO

No he estado en ese lugar pero imagino un río,
el agua siempre en la memoria.
Puedo entonces ser mujer o planta,
un visillo a la espera de ojos,
aquella sombra que bebe café en lo oscuro
o el volante de un vestido que ayer se enamoró del barro.
No he estado en ese lugar.
Ni en ningún otro que se le parezca.
Mas invento selvas y animales curvos
deslizándose por las ramas
                              de este silencio blanco
                              que me lleva.

QUIETUD

Es la voluntad de las cosas resistir.
Están ahí los muebles acunando el polvo con su abrazo quieto.
Agua que regresa una y otra vez a las cisternas.
Como espadas, los objetos
        (un reloj con lengua /
        la abuela muerta sobre la mesa sirviéndome el desayuno).

INGRESAR

Mi pelo en un hospital donde las almohadas fuman.
Sé que hay sombras que echan a correr los días de invierno
y niñas que se han quedado sin dientes mordiendo la hierba fuera.
Un mundo encerrado en el cristal me espera,
algunos hombres que fueron buenos,
la calle desierta y las vecinas,
el negro de los gatos pasando veloz entre mis piernas,
una estufa de leña y una mujer,
la borraja gimiendo lentamente al fuego de sus ojos viejos.

AULLIDO

Este pensamiento muerto
                   que se derrama.
Por encima de todo
buscar las espinas que me llevan,
               mi nombre al otro lado de la hoja.
Alzar la mano y coger un pedazo del viento
y ser mi boca un viento aún más feroz gritándole a nadie.
Creer en lo oscuro que por dentro se vuelve flor.
No encontrarme si la bestia que soy
se asoma a los espejos
        y saca su lengua
            y me lame,
como quien lame un suicidio que es de otro.
Caer sobre el lecho enroscada igual que una serpiente que solo es
       ella,
               su soledad en círculo.

INMENSIDAD

Estoy parada en el río.
Hay una garganta de piedra que se abre ante mí,
pájaros haciendo el amor sobre las ramas,
animales sin nombre perdiendo el pelo entre la hierba.
Es la naturaleza,
todo lo inmenso que no cabe en un bolsillo
y que se hace musgo
y resbala entre las manos y vuelve a crecer aunque esté muerto.
Es el miedo que llega en forma de aire.
Esta inmensidad pura que me acobarda.
Porque estoy parada en el río
y soy mármol que ha empezado a temblar.
Porque el agua de pronto trepa y trepa por la roca
y yo estoy sola en mitad de lo grande,
en este infinito de fuego que me hiela.
                No hay grito.
                No hay saliva.
No hay otra cosa que miedo en la boca.
                Esparto en la boca.
                Camellos riendo en la boca.

COSMOS

Un paso y otro paso hacia la desmemoria,
el viento insinuando mi cuerpo,
manos que acarician la sopa
y después se hunden.
No sé hacia dónde caminar en este espejo que se hace árbol
      y laberinto
          y edificio
               y ventana de barco
                    y diente de tiburón
             y pierna que nada sola
               y sangre que mancha el agua.
Y el mar que ya no es mar sino una charca donde las ranas vuelan.
Y el barro.
Y los huevos que pone el barro.
Y las bacterias mirándome con sus ojitos científicos.
Y el mundo que se pierde,
que vuelve a empezar dentro de una maleta de piel de pájaro.

SIN COLOR

Sé de la nieve
dentro de la cabeza,
senderos de nieve en la leche que la abuela se llevaba a la boca,
historias de nieve en el patio donde resbalaba el bastón.
Sé de la sal dejándose amar por la nieve.
Conozco falos de nieve derritiéndose entre las lilas,
muchachas níveas que resucitan los domingos con sus vestidos
              de nieve,
              sus catecismos de nieve,
sus rezos de nieve ante los pies encendidos de mi bestia.

PAPEL

Lago de piedra en el que zambullirme.
Grito sin música de una muerta que sigue paseando sus huecos.
Humo que se ha quedado quieto.
Un ave minúscula sobrevolando los párpados antes del golpe,
y luego el muro
o el árbol mordido por las máquinas,
mi mano que ensucia su blancura,
lo virgen sangrando.

PESO

Tengo el peso de un dedal.
Me alimento del aire que traen los truenos cuando
                    (de noche)
pasa un bajel por mi ventana.
Tengo el peso de una mosca,
pero sus alas no me llevan,
ni sus ojos me reconocen,
ni sus patas se reparten la miel con mis patas.
Viajo de la nevera al mármol.
Abro jaulas y pastelitos de chocolate.
Pienso en los números de mis huesos,
en las sogas que han de ahogar las básculas.
Hay un perro que viene cada mañana a contar mis costillas.
Lleva una bata blanca y grazna.

LEYENDA

En algún lugar la abuela
pidiendo huevos azules.
Y yo que me calzo mis zapatitos de plumas,
que salgo a la calle y busco,
que entro en el bosque y busco,
que me hundo en las botellas y busco.
Esos, no, (me dice la abuela)
tienen que ser de arriba del cielo.
Pero arriba del cielo no hay más que un muro repleto de grafitis
      de Dios.
(Dios tomando sopa de cruz/
Dios en el retrete /
Dios quemando los pájaros/ Dios al frente de una revolución de
      niños sin dientes que

                        c

                            a

                                 e

                                       n)

DELIRIO

Las ramas de las llamas en este bosque de blanco confort
      (digamos casa).
Familiares bailando un vals con su abandono
      (por si lo verde llama,
      por si lo tierno vuelve).
El paisaje siempre está lejos de mis manos.
El paisaje que se desmaya
      que se desmaya
que se desmaya en otras habitaciones con jaula
      (digamos casa).
Cestas de comida traigo
      (insectos panza arriba cocinados al sol de los relámpagos).
Estoy perdida en mitad de una rosa, en mitad de un pasillo
                    en mitad de una rosa
                    en mitad de un pasillo
                    en mitad de una rosa
                    en mitad de un pasillo
                    en –itad de -na -osa
                    en -itad -e -n -illo

LOS SESOS DE LA NUEZ

Son mis sesos
restos de piedras dormidas
que se quiebran al calor de la tarde.
Y yo me los como,
golpeo mi cabeza contra la pared
y escarbo en la sequedad de mi fruta amarilla.

SALIR

Durante el sueño abro mi pecho y salgo,
recorro mis habitaciones pasadas,
observo aquel reloj donde se esconde el cuco,
el viejo cuco que ya no canta,
que ha comenzado a morir
entre las flores mecánicas de su nido.
Ahí están los espejos vueltos del revés,
mamá abrazada a un mocho,
la abuela conversando con sus mariposas,
sus pechos subiendo y bajando al ritmo de los enjambres.
Siempre hay leche dentro de la abuela
y un árbol que ofrece perlas chiquitas,
el aire dulce,
los días detenidos en el mantel,
un zapato flotando en la piscina,
cirios borrachos de whisky,
un negro,
(es el color)
música de calabazas dentro de mi cuaderno.

RETORNO

Está naciendo el otoño entre las jaulas,
¿no ves la sombra que deja a su paso el viento?
Todo lo frío vuelve.
La telaraña en el manto,
vuelve.
La piedra mojada en cera,
vuelve.
Cosas insignificantes
(aquel cardado de pájaros que se ponía a cantar los domingos).
Vuelven los trenes,
sus piececitos de metal haciendo chaca-chaca-cha
 y pum,
los vagones cayendo
por tus manos,
cayendo
por tus piernas,
cayendo.
Es por la hoja.
Es por este otoño.
Es por el día 25 que regresa a cucharadas.

COMPRENDER

Si supiera que soy otra en un jardín de alabastro y tul,
que en el espejo del agua
contemplo mi cadáver que ríe,
mis dientes que nadan,
mis manos echando a volar.
Si supiera que soy hierba y bolita de alcanfor
y sopa de perro y guadaña de miel.
Si llegase a comprender que mi voz tiembla,
apaga sus cuerdas y se suicida en el silencio.

LOBO

En mi cabello:
        Nieve que muerde.
        Vírgenes que muerden.
        Pétalos que muerden.
Alguien viene a cazarme desde el otro lado del espejo.
Tomo mi mano y echo a andar.

MILAGRO

En la hora
más difícil
de la noche
mi padre
se preña
de árboles
mansos.

SIGNOS

....un río dentro de mis venas

....el jardín donde está enterrada la respiración de la abuela

... vértigo

... mi corazón comiéndose los caballos

INCOMPLETA

Quizá una noche me siente sobre mis muertos
          y ría.
Busque mis manos bajo la tierra,
prenda la luz de mis pulmones
y de mi garganta vuelvan a brotar las magnolias
(mujeres de encaje en los ojos que ya no miran
más que las monedas que ellas mismas arrojan a sus escotes).

PUZLE

Me agacho
              me rocío
                         me infecto.

Tengo llagas / virus / fiebre azul / un humo tóxico que me persigue / hombres llamando a la puerta con sus falos.

Me prevengo
              me desvisto
                         me repito la misma oración.

Bebo leche y unto mantequilla entre mis muslos.

Me derramo
              me duelo.
Agujero soy / perra con pulgas ebrias /

¿Y dónde están los animales que han de venir?

Mi boca no responde.

Y :
    Pongo arena (en mi boca).
    Pongo un gusano (en mi boca).
    Pongo un reloj con alas (en mi sexo).

ACORDEÓN

Esta música fúnebre dentro del pecho
y la noche
y las cenizas de papá en el armario.
Tanto cristal en mis ojos
y en mis manos
y en mi piel
donde el sol se refleja y huye.
Sé que después vendrá la tiniebla,
todas las costuras explotando,
hilos de lágrimas
y el bosque viejo,
la tos vieja de los pájaros,
una herida en el tronco más noble,
en el hada más puta
                y se ríe.
Tiene solo cinco dientes
                y ríe.
Ningún rayo puede detenerla,
ni siquiera la abuela
que es tan antigua,
que es tan niña
como el mar.

APUNTALAR

La abuela me llama,
los hombres que ayer se ponían sus muslos a modo de sombrero
              (me llaman).
Me parezco al polvo de su retrato,
al amarillo salvaje de sus ojos
cuando al despertar me saludan en pie las jeringuillas.

NOTA 1

La muerte soy yo caminándome entre las baldosas,
dando a luz a otra en mi garganta.
Se llama "Grito" y tiene la piel violeta,
los ojos lisos de mamá.

NOTA 2

Una tarde de otoño como esta comienzo a ahogarme
en la sangre acolchada de la lluvia.

EXTRAVÍO

Pienso
en mamá limpiando desnuda la única lámpara que todavía la
        mira.
Pienso
en los agujeros del mantel,
en las veces que quemaste mi fotografía con el capullo de un
        cigarro
(el capullo se parece a papá en su postura más íntima).
Pienso
en la soledad de los cuchillos,
en mis dos senos arrojándome piedras
y echando a correr.

El SILBIDO DE LAS NIÑAS

Tanto despertar en el sueño me cansa.
Tanto deambular por mis trenzas,
por la ropa mordida de mis muñecas de infancia,
por el tazón con leche y cacao,
por las fiestas de cumpleaños,
las falditas cortas
y el volante en los ojos de una mujer.
Tanto separar pechos,
contarlos en la tarde.
Dos de la abuela,
dos de la madre,
dos de la tía.
Docenas de pechos que revientan entre las manos.
Pechos que no son de nadie,
que siempre han estado quietos,
como están quietas las piedras
o las palomas que van a morir en lo oscuro.
Tanto soplar hacia adentro,
comer pastel de hombre,
meter los pies en el río y aguardar el tacto de las bestias húmedas.
Aquí llega un niño con sus pantalones rectos y su camisa de
            domingo.
Tiene miedo de mi pelo que baila pero se acerca y me dice:
Hola abuelita, ¿cómo estás?
Lo dice sin alzar los ojos.
Lo dice como si silbara.
Lo dice soltando la mano de la madre.
La madre que es una mujer rota como yo y que viene cosida por
            partes.
También ella se acerca y dice:
 Hola, mamá.
Te veo bien, mamá.
Pero no me mira.

Fuma y no me mira.
Entonces yo beso a la madre,
los pantalones rectos del niño, beso,
su camisa musical
para después cambiar de postura en la jaula
y dejar que el perfume salvaje de nuestro corazón nos embriague.

REQUIEM

Nada es inmortal,
solo las arañas,
su maleta con hilos decapitados.
Porque las voces...
El rumor del agua...
La lengua de una roca predestinada...
No puedo hablar.
El lenguaje me canta bajo la piel.
No hay muertos allá arriba,
Lo que queda es gente sin huesos detrás de los árboles.
Mi voluptuosa sombra.
Mis adjetivos lejanos.
Soy algo más que una loba triste.
Soy una llama sin vida en la ciudad.
No, no miento.
Si viera un perro
vería mi muerte.
Escribo cartas de amor en mi nombre
y las arrojo al felpudo.
Soy un muchacho ahora.
Soy un nómada
viajando de silencio en silencio.
Bajo la nieve amo (me).
Sobre la lluvia del mar amo (me).
Nadie escucha mis pasos.
Nadie atiende mis ruegos.
Alguna vez respiro.
Alguna vez, cuando estoy sin mí,
viene a mi memoria la luz.

ÍNDICE

Ediciones Vitruvio

Colección Baños del Carmen

Últimos libros publicados:

Las flores del mal, de Charles Baudelaire

En mi cuaderno de viaje, de Carmen Maga

Declaración jurada, de Manuel E. Castillo

Siempre Domingo, de Pascual García

Escribir Silencio, de José A. Alfonso

Ciento cincuenta voltios, de David Alberti

Que nada se olvide, de Álvaro Fierro Clavero

Ayer es mañana, de José Elgarresta

Y ahora sorpréndeme, José Ramón Silva

Playa sin mar, de Eduardo Crespo

El mar mientras duerme, de Santiago Gómez Valverde

Madame Podeva, de Natalia Ruiz-Poveda

El hombre que alimentaba su alma, de Sergio Macías

A la tarde, de María Paz Otero

La ingravidez que somos, de Antonio Ríos

La ilusión del indulto, de David Minayo

El vigor, de Leonardo David Segado

Balcones azules, de varios autores

Música Rusa, de William Jonhsnton

El lenguaje del número, de Juan Pedro Carrasco

Doce voces, una voz, de Jaume Mesquida

Memoria del frío, de Ricardo Ruiz

Acceso a la vida, de María José Pérez Grange

La fama pregonera, de Jesús Mauleón

Equipaje de momentos, de Carlos Guerrero

Habrá poetas, de Mikel Ceniceros

El único umbral, de Diego Doncel

Mil años de poesía (1000-2000),
número mil de la colección Baños
del Carmen

Autobús nocturno, de Luis
Machuca Moreno

Donde nadie dirige la mirada, de
Fernando Fiestas

Siempre promete amanecer, de
Ignacio Eufemio Caballero

Recuento de ilusiones, de Norberto
Garcés

Y la que escucha no es ella, de
Silvia López Ripoll

La levedad, de Cristina Liso

La niña que ha sembrado la tierra
del poema, de Josela Maturana

Despacio y tiempo, de Angie
Expósito

El agua en la mano, de Félix Recio

Parábola entre parabólicas, de
Pablo Villa

Centinela del viento, de Daniel
López Acuña

Guiñol, de Pedro López Lara

Historias encontradas, de Domingo
Luis Hernández

El gozo cumplido, de María José

García Mesa

Postales del norte, de Juan Gil
Bengoa

Obra poética incompleta, de Yong-
Tae Min

La ley del soneto, de Modesto
González Lucas

Franqueo en destino, de José Félix
Olalla

Otro tipo de abreviatura, de
Isabela Basombrio Hoban

Cuando llegues, de Carlos Cortés

Palabras, pájaros y cobijo, de
Victoria Muñoz Arenas

Éramos esto, de Pilar Úcar Ventura

Después de la belleza, de Rafael
Talavera

Nuevas prosas, de Manuel Lacarta

La última vez que la luna dijo tu
nombre, de Laura Vera Becerra

Estrellas que no vi, de Leonardo
David Segado

Monodias, de Luis Rodríguez Cao

Una ave contra el viento, de
Gerardo Guaza González

Lo que tú decías, de Federico
Jiménez Asenjo

Herida propia, de Rosa Estremera